Everyday
CONVERSATIONS IN **Spanish**

John Grey Davies

Editor
Jane Wall-Meineke

National Textbook Company
a division of NTC *Publishing Group* • Lincolnwood, Illinois USA

Preface

Everyday Conversations in Spanish offers intermediate students of Spanish entertaining and useful practice in everyday communication. The nineteen lively, self-contained conversations deal with everyday topics and situations in which students visiting a Spanish-speaking country might find themselves. The culturally authentic conversations will interest students in the Spanish classroom as well as provide them with invaluable preparation for a visit to a Spanish-speaking region of the world. The conversations take place in Mexico, Spain, Puerto Rico, the Dominican Republic, Honduras, Colombia, and Ecuador, but the language and situations are equally valid for any part of the Spanish-speaking world.

Topics covered in *Everyday Conversations in Spanish* include such things as buying a train ticket, booking a hotel room, and buying postage stamps and theater tickets—all subjects useful to future travelers. Vocabulary chosen for the conversations is of high frequency and words are repeated often to encourage mastery.

Each numbered lesson is divided into the following sections:

A Dialogue—Each lesson begins with a conversation that is centered on a culturally authentic topic and contains useful vocabulary and patterns.

B Comprehension Questions—Each conversation is followed by factual questions to check the students' comprehension of the conversation.

C Patterns—The Patterns section reviews important language patterns found in the conversations and helps students assimilate the patterns into their own knowledge of Spanish. Students are asked to translate brief English sentences into Spanish, based on a model Spanish sentence.

D Vocabulary Expansion—Each lesson includes a Vocabulary Expansion section, which reviews or introduces additional vocabulary related to the lesson topic and includes a brief exercise or activity to allow students to use the vocabulary actively.

The material found in *Everyday Conversations in Spanish* is designed primarily for oral work, although certain material, particularly the Patterns section, is well suited to written practice.

A Teacher's Guide to *Everyday Conversations in Spanish,* also available from National Textbook Company, includes exercise answers, supplementary activities, and additional cultural information.

Contents

1 Meeting a Friend of the Same Age

Encontrar a una amiga de la misma edad

A Dialogue

En la calle

Carmen: ¡Hola, Dolores! ¿Qué tal?
Dolores: ¡Carmen! ¡Hola! Bien, gracias. ¿Y tú?
Carmen: Estupendo. ¿Cómo van las vacaciones?
Dolores: Ah, lo estoy pasando muy bien.
Carmen: Mira, voy a una fiesta en la discoteca esta noche. ¿Por qué no vas?
Dolores: ¿Va tu hermano?
Carmen: ¡Claro que sí! ¿Quieres ir?
Dolores: Pues sí. ¿Dónde nos vemos?
Carmen: Te veo en la esquina delante de la discoteca.
Dolores: Muy bien. ¿A qué hora?
Carmen: A las diez.
Dolores: De acuerdo. Hasta las diez entonces. Adiós.
Carmen: Hasta luego, Dolores. Vamos a pasarlo bien esta noche. Adiós.

B Comprehension Questions

1. ¿A quién encuentra Carmen?
2. ¿Adónde va Carmen esta noche?
3. ¿Quién va con Carmen?
4. ¿Dónde se ven Carmen y Dolores? ¿A qué hora?

C Patterns

Using the model sentence in Spanish as a guide, give the Spanish equivalent for each of the English sentences.
1. Voy a una fiesta.
    We're going to a party.
    You *(tú)* are going to the discotheque.
    You're *(Uds.)* going to the corner.
2. ¿Va tu hermano?
    Is her grandfather going?
    Are my cousins going?
    Are our parents going?
3. ¿Quieres ir?
    Do they want to go?
    Do you *(Ud.)* want to go?
    Do we want to go?

D Vocabulary Expansion

In the dialogue, Carmen greets Dolores with *¡Hola, Dolores! ¿Qué tal?* This is a common way of greeting a friend in Spanish and asking how he or she is. Dolores answers with *Bien, gracias,* "Fine, thanks." Of course, there are other ways of answering *¿Qué tal?* One might say *Muy bien* ("Very good"), *Así, así* ("So-so"), *Estupendo* ("Wonderful"), or *Muy mal* ("Very bad").

Take turns greeting your classmates with *¡Hola, _____ ! ¿Qué tal?* Each classmate should answer using one of the above responses.

2 Being Introduced to a Stranger

Encontrar a un desconocido

A Dialogue

Juan y Carlos salen de una cafetería.

Carlos: Vamos por allí, hay menos gente.
Juan: De acuerdo.
Señor: ¡Carlos! ¡Carlos Fernández! Buenos días.
Carlos: Ah, ¡señor García! Buenos días. ¿Cómo está usted?
Señor: Muy bien, gracias. ¿Y cómo andas tú?
Carlos: Muy bien. Señor García, quiero presentarle a Juan, un amigo mío de Ponce.
Señor: Me alegro mucho de conocerte, Juan.
Carlos: Éste es el señor García, amigo de mi padre.
Juan: Mucho gusto, señor.
Señor: ¿Estás aquí en San Juan por mucho tiempo, Juan?
Juan: No, señor. Sólo una semana de vacaciones.
Señor: Y ¿qué te parece San Juan?
Juan: Me gusta muchísimo. Lo estoy pasando bien.
Señor: ¿Quieren Uds. tomar un café, o algo?
Carlos: Gracias, no. Acabamos de tomar un café, y ahora vamos al cine.
Señor: ¿Cómo va tu padre, Carlos?
Carlos: Está muy bien, gracias. Bueno, tenemos que irnos. El cine comienza en cinco minutos.
Señor: Pues, encantado de conocerte, Juan, y mis saludos a tus padres, Carlos.

Juan: Gracias, y mucho gusto, señor.
Carlos: Adiós, señor García.

B Comprehension Questions

1. ¿Cómo se llaman los dos chicos que salen de la cafetería?
2. ¿A quién encuentran los chicos?
3. ¿Quién es el señor García?
4. ¿Por cuánto tiempo está Juan en la Ciudad de San Juan?
5. ¿A Juan le gusta San José?
6. ¿Por qué no quieren tomar un café Juan y Carlos?

C Patterns

Using the model sentence in Spanish as a guide, give the Spanish equivalent for each of the English sentences.
1. ¿Estás aquí en San Juan por mucho tiempo?
   Are they here in Barcelona for a long time?
   Is she here in Montevideo for a week?
   Are we here in Bogotá for a day?
2. ¿San Juan? Me gusta muchísimo.
   Buenos Aires? She likes it a lot.
   Madrid? We like it a lot.
   Guadalajara and Taxco? I like them a lot.
3. Acabamos de tomar un café.
   I have just seen Mr. García.
   He has just gone to the movies.
   They have just gone to the cafeteria.
4. Tenemos que ir al cine.
   I have to go to the party.
   She has to go to the discotheque.
   They have to go to the corner.

D Vocabulary Expansion

In the dialogue, señor García invited Juan and Carlos to have coffee with him. They refused, politely saying that they had just had coffee and were on their way to the movies. Pick two students in the class and invite them to have coffee (or another drink — *la Coca-Cola, la limonada, el té, la sangría, la cerveza*) with you. The two students should answer that they have just had coffee and are on their way to do something else *(jugar al tenis, jugar al ajedrez, jugar al béisbol, nadar, esquiar, bailar, hacer la tarea)*. Follow the pattern from the dialogue: YOU: ¿ *Quieren Uds. tomar un(a)* _____, *o algo?* CLASSMATES: *Gracias, no. Acabamos de tomar un(a)* _____, *y ahora vamos* _____ .

4

3 Asking a Stranger for Directions

Preguntarle el camino a un desconocido

A Dialogue

En la calle

Pedro: Perdóneme, señor.

Señor: Sí, señor, ¿qué desea usted?

Pedro: Bueno, no soy de aquí y no conozco la ciudad. ¿Puede usted decirme dónde está el Cine Colón?

Señor: Pues, ¡anda usted en la dirección equivocada!

Pedro: ¡Ay, qué fastidio!

Señor: Mire, aquí estamos en la Calle de Moncada. Hay que volver por esta misma calle hasta el ayuntamiento.

Pedro: ¿El ayuntamiento?

Señor: Sí, un edificio muy grande. Está a unos trescientos metros de aquí a la derecha.

Pedro: Muy bien.

Señor: Enfrente del ayuntamiento se encuentra la Calle de Castilla. Hay que ir por esa calle y tomar la tercera calle a la izquierda.

Pedro: ¿Cómo se llama esa calle?

Señor: Se llama la Calle de Lope de Vega.

Pedro: Muy bien—volver al ayuntamiento, seguir por la calle enfrente y luego tomar la tercera calle a la izquierda.

Señor: Eso es. Hay que continuar todo derecho por esa calle, y luego hay que cruzar la Plaza de Cervantes. El cine está en la esquina a la derecha.

Pedro:	¿Está lejos?
Señor:	No, no está muy lejos—veinte minutos andando, nada más.
Pedro:	Tengo prisa. ¿Hay un autobús que vaya allí?
Señor:	Sí, el número siete pasa delante del cine y la parada está aquí delante del Bar Toledo.
Pedro:	¿Cuándo pasa el próximo autobús?
Señor:	Dentro de unos veinte minutos.
Pedro:	Entonces, voy andando. Muchísimas gracias, señor. Adiós.
Señor:	No hay de qué. Adiós y buena suerte.

B Comprehension Questions

1. ¿Conoce Pedro la ciudad?
2. ¿Qué busca Pedro?
3. Pedro está en la Calle de Moncada. ¿Por dónde hay que volver?
4. ¿Dónde está el ayuntamiento?
5. ¿Cómo se va del ayuntamiento al cine?
6. ¿Cuánto tarda andando hasta llegar al cine?
7. ¿Hay un autobús que vaya allí?
8. ¿Va Pedro en autobús o a pie?

C Patterns

Using the model sentence in Spanish as a guide, give the Spanish equivalent for each of the English sentences.
1. No soy de aquí y no conozco la ciudad.
   He is not from here and doesn't know the city.
   We are not from here and don't know the streets.
   They are not from here and do not know the plaza.
2. Hay que volver por esta calle.
   One must go to the left.
   We must continue straight ahead.
   You must cross the Plaza de Cervantes.
3. El ayuntamiento está a unos trescientos metros de aquí.
   The Colón movie theater is four hundred meters from here.
   The Plaza de Cervantes is five hundred meters from here.
   The Calle de Castilla is nine hundred meters from here.
4. ¿Cómo se llama esa calle?
   What's the name of that square?
   What are those streets called?
   What are those movie theaters called?

D Vocabulary Expansion

In the dialogue, Pedro asked how to get to a movie theater. The stranger gave him directions, using many different expressions: *ir, seguir, volver, continuar, cruzar, tomar, enfrente de, delante de, a la derecha, a la izquierda, todo derecho.* Now assume that you need directions to someplace in your town. Ask a classmate how to get from your school to one of the places listed below. Your classmate should give you accurate directions, using the expressions from the dialogue mentioned above.

el almacén	el estadio	la oficina
el apartamento	el hospital	el parque
el banco	la iglesia	la piscina
la biblioteca	el jardín público	el teatro
la casa	el museo	el zoo

4 Shopping

Hacer las compras

A Dialogue

Concha y su amiga Mercedes están en el mercado.

Mercedes: ¡Cuánta gente! ¿Qué vamos a comprar primero?

Concha: Voy a consultar la lista. Sí, necesitamos fruta y legumbres.

Mercedes: Mira, aquí hay una frutería.

Frutero: Hola, señoritas. ¿Qué desean ustedes?

Concha: Papas, por favor.

Frutero: ¿Cuántas quiere?

Concha: Deme un kilo.

Frutero: Muy bien. Un kilo de papas, señorita—son quince pesos.

Concha: Gracias. Y ¿cómo están las lechugas?

Frutero: Están muy buenas. Están fresquísimas.

Concha: ¿Cuánto valen?

Frutero: Son diez pesos cada una.

Concha: ¡Son muy caras! ¡Una, nada más! Mercedes, ¿qué fruta vamos a comprar?

Mercedes: ¿Qué tal están las uvas?

Frutero: Están deliciosas. Miren, prueben algunas, señoritas. ¿Les gustan?

Mercedes: Ah sí, son muy dulces. Me gustan mucho estas uvas.

Concha: Sí, a mí me gustan también. Deme medio kilo, entonces.

Frutero:	Sí, señorita. ¿Algo más?
Concha:	Sí, deseo un melón maduro.
Frutero:	¿Éste?
Concha:	A ver. Sí, me parece bien.
Frutero:	Entonces, en total son cincuenta y ocho pesos.
Concha:	Tenga un billete de cien.
Frutero:	Y cuarenta y dos de vuelta. Muchas gracias, señorita. Adiós.
Concha:	Adiós.
Mercedes:	¿Qué otra cosa hay en la lista?
Concha:	Leche y queso. Vamos a buscar una lechería.
Mercedes:	Mira, allí hay una en la esquina.

Entran en la lechería.

Lechero:	Buenos días, señoritas.
Concha:	Buenos días. Un litro de leche, por favor.
Lechero:	Muy bien, señorita. Son dieciocho pesos.
Concha:	Y ¿qué queso tiene usted?
Lechero:	Tengo un queso muy bueno de Oaxaca. Es un queso de hebra.
Mercedes:	¿De hebra? ¡Qué bien! Vamos a probarlo.
Concha:	De acuerdo. Deme cien gramos.
Lechero:	Bueno, en total son cincuenta y cinco pesos.
Concha:	Tenga cien pesos.
Lechero:	Y los cuarenta y cinco pesos de vuelta. Gracias, señoritas. Adiós.
Mercedes:	Adiós.
Concha:	Adiós, y ahora vamos a casa.

B Comprehension Questions

1. ¿Dónde están Concha y Mercedes? ¿Qué necesitan?
2. ¿Cuántas papas compran en la frutería? ¿Cuánto cuestan?
3. ¿Por qué compran sólamente una lechuga?
4. ¿A Concha y Mercedes les gustan las uvas? ¿Cuántas compran?
5. ¿Compran otra fruta? ¿Cuál?
6. ¿Qué da Concha al frutero? ¿Cuánto dinero recibe de vuelta?
7. ¿Adónde van Concha y Mercedes después?
8. ¿Qué compran allí?
9. ¿Cuánto dinero da Concha al lechero? ¿Qué recibe de vuelta?

C Patterns

Using the model sentence in Spanish as a guide, give the Spanish equivalent for each of the English sentences.

9

1. Voy a consultar la lista.
   We are going to buy the grapes.
   They are going to look for the dairy.
   You *(Ud.)* are going to need the melon.
2. ¿Cuántas papas quiere usted?
   How many kilos do you *(Uds.)* want?
   How much milk do you *(tú)* want?
   How much cheese does he want?
3. Tenga un billete de cien pesos. Y cuarenta y dos pesos de vuelta.
   Take a fifty peso bill. And thirty-one pesos change.
   Here's a twenty peso bill. And sixteen pesos change.
   Here's a hundred peso bill. And sixty-three pesos change.

D   Vocabulary Expansion

You are probably familiar with these Hispanic stores. Review the words; then complete the sentences that follow.

la carnicería	la librería	la pescadería
la farmacia	el mercado	el supermercado
la frutería	la panadería	la tienda de confecciones
la lechería	la pastelería	la zapatería

1. Julio necesita aspirina; entonces va a _____ .
2. Se venden libros a _____ .
3. Se puede comprar dulces a _____ .
4. Necesitamos pan. Vamos a _____ .
5. Quisiera comprar una camisa. Voy a _____ .
6. Se vende bistec a _____ .
7. Vamos a _____ para comprar queso.
8. Juanita necesita zapatos nuevos. ¿Dónde está _____ ?

E   Discussion Questions

¿Por qué hacen los norteamericanos las compras en los supermercados?

El servicio, ¿es mejor en las tiendas pequeñas o en las tiendas grandes? ¿Por qué?

5 Traveling by Train

Viajar en tren

A Dialogue

El señor Pérez entra en la agencia de RENFE (Red Nacional de Ferrocarriles Españoles).

Empleado:	Buenos días, señor. ¿Qué desea usted?
Señor Pérez:	Quiero ir a Madrid el sábado que viene, el tres de agosto.
Empleado:	Sí, señor. Hay tres expresos que salen el sábado—a las ocho de la mañana, a la una de la tarde y a las diez de la noche.
Señor Pérez:	Prefiero viajar de noche—hace menos calor. ¿Hay literas en ese tren?
Empleado:	Sí, pero me parece que todas están reservadas. Un momento, voy a mirar . . . No, no queda ninguna.
Señor Pérez:	No importa, entonces.
Empleado:	¿Quiere usted un billete de ida y vuelta, o un billete sencillo?
Señor Pérez:	Sencillo.
Empleado:	¿Y de qué clase?
Señor Pérez:	Segunda, por favor.
Empleado:	¿Fuma usted?
Señor Pérez:	No, no fumo.

Empleado:	Entonces le voy a reservar un asiento en un departamento de no fumadores al lado de la ventanilla. ¿Está bien?
Señor Pérez:	Perfecto.
Empleado:	Mil doscientas pesetas, entonces, señor.
Señor Pérez:	Tenga. Y ¿a qué hora llega el tren a Madrid?
Empleado:	A las siete de la mañana.
Señor Pérez:	¿Hay que hacer algún transbordo?
Empleado:	No, señor, es directo. Aquí está su billete con la reserva.
Señor Pérez:	Muchas gracias. Adiós, señor.
Empleado:	Adiós, señor. Buen viaje.

El sábado siguiente en la estación. El señor Pérez baja de un taxi con dos maletas grandes. Un mozo de estación espera.

Señor Pérez:	Mozo, ¿de qué andén sale el tren para Madrid?
Mozo:	Sale del andén número cuatro dentro de quince minutos, señor.
Señor Pérez:	Puede usted llevarme las maletas, por favor.
Mozo:	Claro, señor. ¿Quiere comprar revistas o libros? Aquí hay un quiosco.
Señor Pérez:	No gracias, ya tengo todo.
Mozo:	¿Tiene una reserva?
Señor Pérez:	Sí, aquí está.
Mozo:	Su departamento está al final del tren. Por aquí, señor.
Señor Pérez:	Gracias.

A los pocos minutos

Mozo:	Aquí, señor, en este departamento. Su asiento está cerca de la ventanilla. ¿Está bien?
Señor Pérez:	Sí, está muy bien. Tenga, para usted.
Mozo:	Muchas gracias, señor. Buen viaje.

B Comprehension Questions

1. ¿Adónde quiere ir el señor Pérez? ¿Cuándo?
2. ¿Por qué prefiere el señor Pérez el expreso que sale de noche?
3. ¿Qué tipo de billete compra el señor Pérez?
4. ¿En qué departamento está su asiento?
5. ¿Cuánto cuesta el billete?
6. ¿A qué hora llega el tren a Madrid?
7. ¿Cómo va el señor Pérez a la estación?
8. ¿Quién lleva sus maletas?
9. ¿Dónde está su asiento? ¿Está bien?
10. ¿Qué le da el señor Pérez al mozo?

C Patterns

Using the model sentence in Spanish as a guide, give the Spanish
equivalent for each of the English sentences.
1. El expreso sale el sábado, el tres de agosto.
   The bus leaves Monday, December twenty-second.
   The trains leave Wednesday, April eleventh.
2. Salen a las ocho de la mañana.
   We're going out at three in the afternoon.
   I'm going out at ten in the evening.

D Vocabulary Expansion

In the dialogue, you learned many terms relating to train travel.
Here are some terms relating to travel by air. Look over the words;
then complete the sentences that follow.

el aeropuerto	el hangar
aterrizar	el (la) pasajero(a)
el avión	el piloto (la mujer piloto)
el avión a reacción	la pista
la azafata	la sala de espera
un billete de ida y vuelta	el steward
un billete sencillo	la taquilla
un billete de primera clase	la torre de control
un billete de segunda clase	el vuelo directo (sin parar)
despegar	

1. Cuando viajan en avión, hay que ir al _aeropuerto_ .
2. Para comprar un billete al aeropuerto, hay que ir a _taquilla_ .
3. Los pasajeros esperan el vuelo en _la sala de espera_
4. El hombre (o la mujer) que conduce el avión es _el piloto_
5. Las personas que sirven las comidas y ayudan a los pasajeros
   durante el vuelo son _las azafataz_ .
6. Reparan *(repair)* los aviones en _el hanger_ .
7. No quiero comprar un billete de ida y vuelta. Necesito
   sólamente _un billete sencillo_
8. Dirigen la circulación de aviones en _la torre de control_ .

E Discussion Questions

¿Te gusta viajar en avión, o prefieres viajar en coche o en tren? ¿Por
qué?   _más rápido_

¿Te gustaría ser piloto? ¿Azafata? ¿Steward? ¿Por qué?

¿Te gustaría trabajar en el aeropuerto? ¿Qué te gustaría hacer?

13

6 At the Tourist Office

En la Oficina de Turismo

A Dialogue

El señor Gómez entra en la oficina con su maleta.

Señorita:	Buenos días, señor. ¿Qué desea usted?
Señor Gómez:	Buenos días, señorita. No soy de aquí y quisiera información sobre la ciudad.
Señorita:	Cómo no, señor. Aquí hay un folleto para usted, con un plano de la ciudad.
Señor Gómez:	Muchas gracias.
Señorita:	La Oficina de Turismo está indicada con esta estrella roja—aquí en la Plaza Mayor.
Señor Gómez:	Sí, la veo.
Señorita:	¿Le interesan los monumentos antiguos?
Señor Gómez:	Bueno, sí.
Señorita:	Pues, aquí tenemos muchos—la catedral, el alcázar, el monasterio de San Gil, las murallas. Son todos muy interesantes.
Señor Gómez:	Gracias, pero . . .
Señorita:	¿Le interesa el flamenco?
Señor Gómez:	Sí, me interesa bastante.
Señorita:	Pues, en el Club Andaluz hay un espectáculo de flamenco auténtico. Bailan y cantan muy bien. Vale la pena verlo.

Valer la pena - to be worthwhile

14

Señor Gómez:	Gracias, señorita. Pero mire, para mí lo más importante es que estoy buscando un hotel barato o una pensión. -boarding house
Señorita:	¡Pues, estamos en verano! Hay muchos turistas y por eso quedan muy pocas habitaciones libres.
Señor Gómez:	¡Qué problema! ¿Tiene usted una lista de hoteles?
Señorita:	Sí, aquí hay una lista con todas las direcciones, los precios y números telefónicos.
Señor Gómez:	¿Hay un teléfono por aquí?
Señorita:	Sí, hay una cabina telefónica al lado de esta oficina.
Señor Gómez:	Gracias, señorita. Estoy muy agradecido.
Señorita:	No hay de qué, señor. Buena suerte. Adiós.
Señor Gómez:	Adiós.

En la cabina telefónica, el señor Gómez pone su dinero en la ranura y marca el número.

Voz:	Dígame.
Señor Gómez:	¿Es el treinta y siete—veinticuatro—cincuenta y dos? 37 24 52
Voz:	Sí.
Señor Gómez:	¿Es la Pensión Miramar?
Voz:	Sí, señor.
Señor Gómez:	¿Tiene usted una habitación para una persona para esta noche?
Voz:	Un momento, señor . . . Sí, queda una habitación.
Señor Gómez:	¡Menos mal! Voy en seguida en taxi. Me llamo Luis Gómez.
Voz:	De acuerdo, señor Gómez. Le reservamos la habitación. Hasta luego.
Señor Gómez:	Adiós. Hasta luego.

B Comprehension Questions

1. ¿Por qué va el señor Gómez a la Oficina de Turismo?
2. ¿Qué le da la señorita al señor Gómez?
3. ¿Dónde está la Oficina de Turismo?
4. ¿Al señor Gómez le interesan los monumentos y el flamenco?
5. Para el señor Gómez, ¿qué es lo más importante?
6. ¿Por qué hay muy pocas habitaciones libres?
7. ¿Qué pide el señor Gómez?
8. ¿Dónde hay una habitación para el señor Gómez?

C Patterns

Using the model sentence in Spanish as a guide, give the Spanish equivalent for each of the English sentences.

1. ¿La Plaza Mayor? Sí, la veo.
   The monuments? Yes, we see them.
   The cathedrals? Yes, she sees them.
   The monastery? Yes, they see it.
2. ¿Le interesan los monumentos?
   Are you *(tú)* interested in the fortresses?
   Is she interested in the brochure?
   Are they interested in flamenco?
3. Estoy buscando un hotel.
   We're watching a movie.
   He's eating a potato.
   They're coming out of *(salir de)* an office.
4. Quedan pocas habitaciones.
   There's one room left.
   There's one taxi remaining.
   There are two tickets left.

D Vocabulary Expansion

Review the following terms relating to travel.

viajar en avión	hacer la maleta
en autobús	reservar una habitación
en tren	un asiento
en taxi	visitar
en coche	el pasaporte
en barco	
ir a pie	

Now assume that you are taking a trip to Madrid from New York.
Use your imagination and answer the following questions.
1. ¿Qué tienes que hacer antes de salir?
2. ¿Cuántas maletas traes?
3. ¿Cómo vas de tu casa al aeropuerto Kennedy a New York?
4. Describe el vuelo.
5. ¿Cómo vas del aeropuerto de Madrid a tu hotel o pensión?
6. ¿Has reservado una habitación?
7. ¿Qué haces en Madrid? ¿Qué monumentos ves? ¿Qué museos
   visitas? ¿Qué te gusta más?

7   At an Inexpensive Hotel

En un hotel sencillo

A   Dialogue

El señor López y su señora llegan al Hotel Cuenca en Quito, Ecuador.

Dueño:	Buenos días, señores. ¿En qué puedo servirles?
Señor López:	Buenos días, señor. Llamé por teléfono la semana pasada para reservar una habitación para mí y mi señora.
Dueño:	¿Cómo se llama usted, por favor?
Señor López:	Me llamo Pablo López.
Dueño:	Ah sí, señor López, todo está arreglado. ¿Cuánto tiempo quieren ustedes quedarse aquí?
Señor López:	Cuatro noches sólamente.
Dueño:	Está bien. Su habitación está por aquí en el primer piso. ¿Quieren seguirme, señores?
Señora López:	Gracias.
Dueño:	Aquí está al final del pasillo. La habitación da a la calle, pero es bastante tranquila. La calle tiene poco tránsito.
Señora López:	¿Cuánto vale?
Dueño:	El precio está indicado en la puerta—son treinta y cinco sucres la noche.

Señora López:	Está bien. Es una habitación bonita.
Dueño:	Hay agua fría y caliente en la habitación, y hay un servicio y una ducha en el pasillo.
Señor López:	Perfecto. Nuestras maletas están en el coche todavía. ¿Hay un lugar donde podemos estacionarlo?
Dueño:	Lo siento, señor. Tiene usted que dejar el coche en la calle. Por lo general hay sitio allí.
Señor López:	Entonces, voy a traer las maletas.
Dueño:	Aquí están sus llaves—una para la habitación y la otra para la puerta principal.
Señora López:	Gracias. ¿Se puede desayunar aquí?
Dueño:	No, señora, pero hay una cafetería enfrente donde se puede desayunar, y hay un restaurante en la esquina donde se puede almorzar y cenar. Es bastante barato, y muy bueno.
Señora López:	Muchas gracias, señor.

B Comprehension Questions

1. ¿Dónde llegan los López?
2. ¿Ha reservado una habitación el señor López?
3. ¿Cuánto tiempo quieren quedarse en el hotel los López?
4. ¿Dónde está su habitación?
5. ¿Es tranquila la habitación?
6. ¿Hay agua, servicio y ducha en la habitación?
7. ¿Dónde pueden estacionar el coche?
8. ¿Tiene restaurante el hotel? ¿Dónde se puede comer?

C Patterns

Using the model sentence in Spanish as a guide, give the Spanish equivalent for each of the English sentences.

1. Llamé por teléfono para reservar una habitación.
   They telephoned to reserve a seat.
   We called in order to reserve a taxi.
   You *(tú)* called to reserve a bus.
2. ¿Cómo se llama usted? Me llamo Pablo López.
   What's her name? Her name is Ángela Pérez.
   What's your *(tú)* name? My name is Alicia Gómez.
   What are their names? Their names are Federico and Julio.
3. La habitación está en el primer piso.
   The showers are on the third floor.
   The telephone booth is on the sixth floor.
   The cafeteria is on the ground floor.

4. Se puede desayunar en la cafetería.
    One can eat lunch in the restaurant.
    We can dance at the discotheque.
    You can sing at the party.

D Vocabulary Expansion

Imagine that you are staying at the Hotel del Prado in Quito,
Ecuador. Describe the hotel—the building itself, the room in which
you are staying, the restaurants in or near the hotel, and the people
who work in the hotel. You may use the vocabulary from the list
below in your description.

un edificio viejo
        moderno
el vestíbulo grande
        pequeño
        bonito
el patio
la habitación
   la cama,
   la silla, el sillón,
   el escritorio, el
   armario, el gabinete
dar a la calle
   al jardín
   al patio

en el piso bajo
   el primer piso
el restaurante
el café
la cafetería
desayunar
almorzar
cenar
el dueño
el mozo
la criada

8 In a Restaurant

En un restaurante

A Dialogue

El señor Gómez, su mujer y sus hijos Antonio y Ángela llegan a un restaurante en la Ciudad de México. Se acerca un camarero.

Camarero: Buenas tardes, señores.

Señor Gómez: Buenas tardes. Nos gustaría cenar, por favor. Somos cuatro.

Camarero: Sí, cómo no, señor. ¿Prefieren una mesa en el restaurante o en la terraza?

Señora Gómez: Hace mucho calor, vamos a la terraza.

Camarero: Entonces, por aquí, por favor . . . Siéntense, señores.

Todos: Muchas gracias.

Camarero: Aquí está el menú. En seguida vuelvo.

Después de un rato

Camarero: Sí, señores. ¿Qué les gustaría tomar?

Señor Gómez: Nos gustaría el menú turístico de doscientos pesos.

Camarero: Sí, señor. ¿De primer plato?

Señor Gómez: Mi hijo y yo vamos a tomar una sopa; mi mujer y mi hija van a tomar mejillones.

Camarero:	De acuerdo. Y ¿qué quieren para el segundo plato? Les voy a recomendar el lomo de cerdo— está exquisito.
Señor Gómez:	¿Sí? Entonces, lomo de cerdo para mí y mi mujer y bistec para mis hijos.
Camarero:	¿Y acompañando, señor?
Señor Gómez:	Papas fritas para todos, con una ensalada.
Camarero:	Muy bien. ¿Y de postre?
Antonio:	Un helado para mí, por favor.
Ángela:	Y para mí también.
Camarero:	Tenemos helados de vainilla, chocolate, café, · fresa y limón.
Señor Gómez:	Dos helados de chocolate, y dos flanes, por favor.
Camarero:	¿Y algo para beber?
Señor Gómez:	Medio litro de vino tinto para mí y mi mujer, y dos vasos de gaseosa para mis hijos.
Camarero:	En seguida, señores.

El camarero se va y vuelve poco después con las bebidas y los platos.

Camarero:	Aquí tienen, señores.
Todos:	Gracias.

Después de la comida

Camarero:	¿Van ustedes a tomar café?
Señor Gómez:	Sí, un café cortado para mi mujer y un café solo para mí.
Camarero:	Sí, señor.
Señor Gómez:	Y luego traiga la cuenta, por favor. ¿El servicio está incluído?
Camarero:	No, señor.

El camarero se va.

Señora Gómez:	Es muy amable, ¿verdad? Tenemos que darle una buena propina.
Señor Gómez:	Sí, cómo no.

B Comprehension Questions

1. ¿Quiénes llegan al restaurante?
2. ¿Dónde se sientan los Gómez?
3. ¿Qué toman de primer plato?
4. ¿Qué recomienda el camarero?
5. ¿Toma lomo de cerdo toda la familia? ¿Y acompañando?
6. ¿Qué toman de postre?
7. ¿Qué beben?
8. ¿Qué toman los padres después de la comida?

C Patterns

Using the model sentence in Spanish as a guide, give the Spanish equivalent for each of the English sentences.

1. Nos gustaría cenar, por favor.
   They'd like to eat lunch, please.
   I'd like to eat breakfast, please.
   She'd like to eat dinner, please.
2. Nos gustaría el menú turístico.
   You'd *(Ud.)* like the steak.
   I'd like the ice cream.
   He'd like the fried potatoes.

D Vocabulary Expansion

You may already be familiar with these food items. Review the words; then answer the questions that follow.

el arroz	la gaseosa	la mantequilla	el queso
el azúcar	el gazpacho	la manzana	el sándwich
el bistec	el guisante	la patata	la sopa
el café	el helado	la paella	el taco
la crema	el huevo	el pan	el té
la enchilada	el jamón	el pastel	el tomate
la ensalada	el jugo	el pescado	la tortilla
los frijoles	la leche	el plátano	la tortilla
las frutas	el lomo de cerdo	el pollo	española
			el vino

E Discussion Questions

¿Qué bebidas te gustan más?

¿Qué carne prefieres?

¿Qué legumbres te gustan? ¿Qué frutas?

¿Cuál es tu postre favorito?

¿Qué comes por el desayuno? ¿El almuerzo? ¿La cena? ¿La merienda?

¿Te gusta cenar en un restaurante, o prefieres cenar en casa?

9　In a Café

En un café

A　Dialogue

Carlos y su amigo Manuel están en la calle.

Carlos:	Manuel, ¿qué hora es?
Manuel:	Son las doce menos diez. Tengo mucho calor—no puedo andar más.
Carlos:	Yo tengo mucha sed. Vamos a tomar algo en este café.
Manuel:	Sí, yo también tengo mucha sed. Vamos a sentarnos en la terraza. Hace más fresco allí.
Carlos:	Muy bien.

Se sientan en una mesa. Se acerca el camarero.

Carlos:	¿Qué vas a tomar, Manuel?
Manuel:	Voy a tomar una Coca-Cola bien fría.
Carlos:	Camarero, traiga dos Coca-Colas, ¡pero bien frías, eh!
Camarero:	Sí, señor.
Carlos:	Oye, Manuel. ¿Tienes hambre?
Manuel:	Sí, tengo bastante.
Carlos:	¿Vamos a tomar algunas tapas?
Manuel:	De acuerdo.
Carlos:	Camarero, ¿qué tapas tiene?
Camarero:	Bueno, tenemos gambas, mejillones, sardinas, calamares en su tinta, aceitunas, tortilla española, chorizo, patatas fritas, jamón . . .

Carlos:	Vale, vale ya. Manuel, ¿qué vas a tomar?
Manuel:	Bueno, voy a tomar un poco de jamón con patatas fritas.
Carlos:	Entonces, camarero, traiga una ración de jamón, una ración de patatas fritas, una de aceitunas y una de sardinas.
Camarero:	En seguida, señor.

Media hora más tarde

Carlos:	Camarero, ¿nos trae la cuenta por favor?
Camarero:	Ahora mismo, señor. En total, ciento ochenta pesetas.
Carlos:	Tenga, doscientas pesetas. Quédese con la vuelta.
Camarero:	Muchas gracias, señores. ¡Adiós!
Carlos y Manuel:	¡Adiós!

B Comprehension Questions

1. ¿Por qué van al café Carlos y Manuel?
2. ¿Por qué van a sentarse en la terraza?
3. ¿Quién se acerca?
4. ¿Qué bebida piden Carlos y Manuel?
5. ¿Qué tapas piden los chicos?
6. ¿Cuánto cuesta la comida?
7. ¿Cuántas pesetas le dan al camarero de propina?

C Patterns

Using the model sentence in Spanish as a guide, give the Spanish equivalent for each of the English sentences.

1. Vamos a sentarnos.
   I'm going to sit down.
   She's going to sit down.
2. Se sientan en una mesa.
   We sit down at a table.
   You *(tú)* sit down at a table.
3. Tengo mucho calor.
   I am very cold.
   We are very warm.
4. Hace fresco allí.
   It is cold there.
   It's hot there.
5. Traiga dos Coca-Colas frías, por favor.
   Bring two hot coffees, please.
   Bring a cold lemonade, please.

D Vocabulary Expansion

Assume that you are having *una merienda,* a light meal or snack, in a Spanish café. Using the vocabulary from the dialogue and the words listed below, describe your *merienda.*

el café	la Coca-Cola	el sándwich
el té	la limonada	el helado
el vino	la naranjada	las tapas
la cerveza	la sangría	

10 At a Travel Agency

En la agencia de viajes

A   Dialogue

Beatriz y Laura, dos amigas de Galicia, están pasando unos días en Madrid. Entran en una agencia de viajes.

Empleado:	Buenos días, señoritas. ¿En qué puedo servirlas?
Beatriz:	Buenos días. Estamos pasando unos días en Madrid y nos gustaría ver un poco de los alrededores. ¿Tienen ustedes excursiones en autocar?
Empleado:	Pues sí, señorita, ofrecemos muchas. ¿Les gustaría una excursión de día entero o de medio día?
Laura:	Bueno—no sé. ¿Qué tienen de medio día?
Empleado:	Pues, hay una excursión de medio día, por ejemplo, que va al Monasterio de El Escorial y luego al Valle de los Caídos. Son dos monumentos muy interesantes y no están lejos.
Beatriz:	¿A qué hora sale el autocar?
Empleado:	Sale a las nueve de la mañana y vuelve a Madrid antes de las dos. Así ustedes pasarán una hora y media en El Escorial y una hora en el Valle de los Caídos.
Laura:	Y ¿cuál es el precio?
Empleado:	Seiscientas pesetas la persona, incluyendo las entradas a los monumentos.
Beatriz:	Y ¿cuáles son las excursiones que duran el día entero?

Empleado:	Bueno, hay excursiones a Segovia, Ávila, Salamanca, Toledo . . .
Laura:	¿Toledo? Dígame algo sobre la excursión a Toledo.
Empleado:	Vamos a ver . . . el autocar sale a las nueve, llega a Toledo a las once y ustedes tendrán la oportunidad de ver todos los monumentos importantes de la ciudad. Habrá un guía que les explicará todo.
Beatriz:	Y ¿cuál es el precio?
Empleado:	Esta excursión cuesta mil doscientas pesetas la persona, pero incluye el precio del almuerzo en un restaurante y también las entradas a los monumentos.
Laura:	¿Y hay plazas en la excursión de mañana?
Empleado:	Un momento, voy a ver . . . Sí, hay varias.
Beatriz:	Entonces, haga el favor de reservar dos plazas en la excursión a Toledo para mañana.
Empleado:	Pues, son dos mil cuatrocientas pesetas, señoritas. El autocar sale a las nueve en punto de esta calle enfrente de la agencia. Aquí están sus billetes.
Laura:	Muchas gracias.
Empleado:	De nada. Adiós y buen viaje.
Beatriz:	Adiós, señor, y gracias.

B Comprehension Questions

1. ¿De dónde son Beatriz y Laura? ¿Dónde están pasando unos días?
2. ¿Qué quieren ver?
3. ¿Adónde va la excursión en autocar de medio día?
4. ¿Qué excursión les interesa a Beatriz y Laura?
5. ¿Qué reservan las chicas?
6. ¿A qué hora empieza la excursión?
7. ¿De dónde sale el autocar?

C Patterns

Using the model sentence in Spanish as a guide, give the Spanish equivalent for each of the English sentences.
1. Ustedes pasarán una hora en El Escorial.
   You *(tú)* will spend two days in Toledo.
   I'll spend a week in Madrid.
   We'll spend twelve hours in Salamanca.
2. No sé.
   We don't know.
   She doesn't know.
   You *(Uds.)* don't know.

3. Ustedes tendrán la oportunidad de ver los monumentos.
   You'll *(Ud.)* have the opportunity to see the outskirts.
   They'll have the opportunity to see the monastery.
   I'll have the opportunity to see the Valle de los Caídos.

D Vocabulary Expansion

Listed below are several places where you might spend a vacation.
Tell the class in which region you would like to spend your vacation, where you would like to stay, and why.

la campaña	a la playa	una villa
la montaña	al bordo de un lago	el camping
una gran ciudad	el hotel	la casa de sus
un pueblecito	la pensión	amigos

11   At a Campsite

En un camping

A   Dialogue

El señor Johnson, que viene de Inglaterra, llega con su mujer y dos hijos a San Sebastián después de un largo viaje. Para el coche delante de la Oficina de Turismo.

Empleada:	Buenos días, señor.
Señor Johnson:	Buenos días, señorita. Acábamos de llegar de Inglaterra y estamos buscando un buen camping cerca de la playa.
Empleada:	Hay varios, pero el mejor está a unos tres kilómetros de la ciudad. Está muy cerca de la playa.
Señor Johnson:	Muy bien. ¿Podría usted decirme dónde está?
Empleada:	Sí, cómo no. Hay que tomar la carretera que va a Barcelona. Es la carretera principal.
Señor Johnson:	Sí, entiendo.
Empleada:	A los dos kilómetros hay un cruce. Allí hay que doblar a la izquierda. El camping está al final de esa carretera, a un kilómetro del cruce.
Señor Johnson:	¿Cómo se llama el camping?
Empleada:	Ah sí, se llama el Camping Mediterráneo. Hay muchos avisos en el camino.

Señor Johnson:	Gracias, señorita. Adiós.
Empleada:	Adiós, señor.

Después de media hora, la familia llega al camping. El señor Johnson entra en la oficina.

Dueño:	Buenos días, señor.
Señor Johnson:	Buenos días, señor. Nos gustaría pasar algunos días en el camping.
Dueño:	¿Tiene usted una tienda de campaña o un remolque?
Señor Johnson:	Una tienda, y somos cuatro personas.
Dueño:	¿Ha reservado usted plaza?
Señor Johnson:	No, no hemos reservado.
Dueño:	¿Cuánto tiempo quieren ustedes quedarse aquí?
Señor Johnson:	No sé. Depende, pero por lo menos cinco días, quizás más.
Dueño:	Muy bien. No hay problema, hay bastante sitio. ¿Tiene usted los pasaportes, por favor?
Señor Johnson:	Sí, aquí están, y el carné de camping también.
Dueño:	Gracias.
Señor Johnson:	¿Dónde podemos montar la tienda?
Dueño:	Voy a indicarles el mejor sitio ahora mismo.

Salen de la oficina. A los cinco minutos:

Dueño:	Éste es el mejor sitio. Hay mucha sombra.
Señor Johnson:	Sí, me parece bueno. ¿Dónde están los servicios?
Dueño:	Están a cincuenta metros por allí a la izquierda. Hay retretes, duchas y agua potable.
Señora Johnson:	¿Hay una tienda?
Dueño:	Sí, está abierta desde las siete de la mañana hasta las nueve de la noche. Allí se vende de todo.
Señora Johnson:	¿Y un restaurante?
Dueño:	Sí, hay un buen restaurante que está abierto hasta muy tarde. El restaurante y la tienda están cerca de la oficina.
Señor Johnson:	Bueno, muchas gracias.
Dueño:	¡Ah! una cosa más, señor. Aquí está prohibido hacer ruido después de las diez y media de la noche.
Señor Johnson:	De acuerdo. Adiós.
Dueño:	Adiós, señor.

B Comprehension Questions

1. ¿Por qué van los Johnson a la Oficina de Turismo?

2. Según la empleada, ¿dónde está el mejor camping?
3. ¿Cómo se va de la Oficina de Turismo al camping?
4. ¿Cómo se llama el camping?
5. ¿Tienen los Johnson un remolque?
6. ¿Cuántos días quieren quedarse en el camping?
7. ¿Dónde están las duchas y los retretes?
8. ¿Dónde se puede comer?

C Patterns

Using the model sentence in Spanish as a guide, give the Spanish equivalent for each of the English sentences.
1. ¿Podría usted decirme dónde está?
   Could you *(Uds.)* tell me where it is?
   Could you *(tú)* tell us where it is?
2. No hemos reservado plaza.
   I have not reserved a tent.
   They have not reserved a trailer.
3. ¿Hay una tienda? Sí, está abierta hasta las nueve.
   Is there a restaurant? Yes, it's open until ten.
   Are there showers? Yes, they're open until eleven.

D Vocabulary Expansion

In the dialogue, the campground owner tells the Johnsons, *Aquí está prohibido hacer ruido después de las diez y media de la noche.* In Spanish as in English, one hears and reads many requests and prohibitions. What do the following mean?

Agua no potable	Prohibido hablar con el conductor
Paso prohibido	Prohibido pisar el césped
Prohibido fumar	Silencio
Prohibido escupir	Prohibido dar de comer a los animales
Prohibido entrar	Mantenga limpia su ciudad
Prohibido salir	

12 Changing Money in a Bank

Cambiar dinero en un banco

A Dialogue

El señor Brown entra en un banco en Acapulco, México. Ve varias ventanillas y va a la primera que está libre.

Señor Brown: Me gustaría cambiar algún dinero norteamericano.

Empleado: Lo siento, señor, aquí no. Vaya usted a la última ventanilla allí—la que tiene el letrero encima que dice 'Cambio.'

Señor Brown: ¡Oh! Perdón por la molestia. Adiós.

Empleado: De nada, señor.

El señor Brown hace cola en la ventanilla apropiada. Después de un rato es su turno.

Empleado: Buenos días, señor.

Señor Brown: Buenos días. Quisiera cambiar algún dinero norteamericano, por favor. Me gustaría saber cuántos pesos dan ustedes por un dólar.

Empleado: Sí, señor. Veinticinco pesos por el dólar, con el uno por ciento de comisión.

Señor Brown: Está bien. Quiero cambiar cheques de viajero por un valor de ochenta dólares.

Empleado: Muy bien, señor. Tiene usted su pasaporte?

Señor Brown: Si, aquí lo tiene.

Empleado:	Gracias. Firme usted los cheques de viajero, por favor.
Señor Brown:	Muy bien. Puedo emplear su bolígrafo?
Empleado:	Si, cómo no.

El señor Brown firma los cuatro cheques de viajero. El empleado lo observa.

Empleado:	Gracias, señor. Compruebe la operación, por favor.
Señor Brown:	Muy bien. Ochenta dólares por veinticinco son dos mil pesos menos el uno por ciento de comisión que es veinte pesos. Esto me da un total de mil novecíentos ochenta.
Empleado:	Entonces, firme aquí, por favor.
Señor Brown:	Muy bien.
Empleado:	Aquí está su pasaporte. Ahora usted tiene que pasar a la caja. Su número es el veintitrés. Cuando llamen su número, vaya a la ventanilla.
Señor Brown:	Gracias, señor. Adiós.
Empleado:	Adiós, señor.

El señor Brown va a esperar cerca de la caja. A los tres o cuatro minutos llaman el número veintitrés.

Empleado:	¿Es usted el señor Brown?
Señor Brown:	Sí.
Empleado:	Aquí está su dinero—un billete de mil pesos, uno de quinientos pesos, cuatro de cien pesos y cuatro de veinte pesos.
Señor Brown:	Sí, está correcto. Muchas gracias, señor. Adiós.
Empleado:	Adiós, señor.

B Comprehension Questions

1. ¿Por qué va el señor Brown al banco?
2. ¿A qué ventanilla tiene que ir?
3. ¿Cuántos pesos dan por un dólar?
4. ¿Cuántos dólares quiere cambiar el señor Brown?
5. ¿Qué tiene que mostrar al empleado el señor Brown?
6. ¿Adónde va el señor Brown para recibir su dinero?
7. ¿Cuántos pesos recibe el señor Brown?

C Patterns

Using the model sentence in Spanish as a guide, give the Spanish equivalent for each of the English sentences.

1. Vaya usted a la ventanilla.
   (Tú) Go to the bank.

33

(*Uds.*) Go to the cashier's window.   Vayan a la ventanilla
(*Ud.*) Go to the office.   Vaya a la oficina
2. El señor Brown hace cola.
We stand in line.   hacemos cola
I'm standing in line.   hago cola
You're (*Uds.*) standing in line.   hacen cola
3. Quisiera cambiar algún dinero americano.
I would like to change some English money.
We would like to change some Mexican money.
They would like to change some Spanish money.

D Vocabulary Expansion

Do you know these terms relating to banking and finance? Study
them carefully; then answer the questions that follow.

las acciones - actions
la bolsa - bag
la cuenta de ahorros   savings account
la cuenta corriente   general / running acct.

el cheque - ck
el cheque de viajero   trav
el banquero   banker   ck
el préstamo   loan

1. ¿Tienes una cuenta de ahorros? ¿Una cuenta corriente?
2. Cuando viajas, ¿compras cheques de viajero?
3. ¿Te interesa la bolsa? ¿Tienes algunas acciones?
4. ¿Te gustaría ser banquero? ¿Por qué?

algún

er
i, iste, i, imos, ieron

Quisiéramos

Quisiéran

13 At the Movies

En el cine

A Dialogue

Hace mal tiempo. Felipe y Paco están en casa, aburridos.

Felipe: ¡Qué fastidio! No me gusta nada esta lluvia. No podemos hacer nada.

Paco: Mira, ¿por qué no vamos al cine?

Felipe: ¿Al cine? Buena idea. ¿Qué ponen hoy?

Paco: A ver si papá compró el periódico hoy. Sí, aquí está. Vamos a ver.

Felipe: Sí, tengo ganas de ir al cine.

Paco: En el Cine Apolo ponen una película del oeste, *Vivir es Luchar.* Me parece bastante buena. ¿Qué dices?

Felipe: Vi una película del oeste hace una semana. ¿Qué otra cosa hay?

Paco: Hay una película de ciencia ficción en el Cine Iris. Se llama *El Mundo perdido.* Es una película norteamericana con subtítulos.

Felipe: Bien, vamos a ver ésta. Me gustan mucho las películas de ciencia ficción. ¿A qué hora empieza la función?

Paco: La función de la tarde empieza a las siete.

Felipe: Ya son las seis menos cuarto. Tenemos bastante tiempo. ¿Tienes dinero?

Paco: Sí, tengo bastante. *box-office* [handwritten]

Una hora más tarde, en la taquilla del Cine Iris   *entrada* [handwritten]

Paco: Buenas tardes, señorita. ¿Quedan entradas para
                   esta función?
Empleada: Sí, señor, quedan muchas. ¿Quieren ustedes loca-
                   lidades de butaca o anfiteatro?
Felipe: Dos entradas de butaca, por favor.
Empleada: Son quince lempiras, entonces, señores.
Paco: Tenga, señorita, veinte lempiras.
Empleada: Su vuelta, cinco lempiras.
Paco: Gracias, señorita. Vamos, Felipe, la película va a
                   empezar pronto.
Acomodador: Por aquí señores—hay dos localidades en esta fila.
Felipe: Gracias, señor. Y una propina para usted.
Acomodador: Gracias, señor.

B   Comprehension Questions

1. ¿Qué tiempo hace? *Hace lluevia* [handwritten]
2. ¿Cómo están Felipe y Paco? *Están aburridos* [handwritten]
3. ¿Qué deciden hacer? *Deciden a ver una película.* [handwritten]
4. ¿Por qué no quiere ver Felipe *Vivir es Luchar*? *Vio una película o* [handwritten]
5. ¿Qué película escogen *(do they pick)*? ¿Dónde ponen la película? *El* [handwritten]
6. ¿A qué hora empieza la función de la tarde? *la función empieza* [handwritten]
7. ¿Qué localidad quieren Felipe y Paco? *Quieren localidad de* [handwritten]
8. ¿Qué le da Felipe al acomodador? *Le da una propina al acomo* [handwritten]

C   Patterns

Using the model sentence in Spanish as a guide, give the Spanish
equivalent for each of the English sentences.
1. No me gusta nada esta lluvia.
    I don't like these movies at all. *No me gustan nada estas película* [handwritten]
    He doesn't like this café at all. *No se gusta este café* [handwritten]
    We don't like these potatoes at all. *No nos gustan nada estas patat* [handwritten]
2. Tengo ganas de ir al cine.
    He feels like going to the bank. *Tiene ganas de ir al banco* [handwritten]
    They feel like going to the beach. *Tienen ganas de ir a la play* [handwritten]
    We feel like going to the travel agency. *Tenemos ganas de ir a* [handwritten]
3. Vi una película hace una semana.
    You *(Ud.)* saw a movie an hour ago. *Vio una película hace* [handwritten]
    You *(tú)* saw a movie three days ago. *Viste una película* [handwritten]
    We saw a movie two weeks ago. *Vimos una película h* [handwritten]

36

D Vocabulary Expansion

Below are some terms relating to movies. Study the words; then answer the questions that follow.

la película del oeste
            de ciencia ficción
            de guerra
            romántica
            histórica
            documental
            animada

el actor
la actriz
el (la) director(a)

E Discussion Questions

¿Quién es tu actor favorito? ¿Tu actriz favorita? ¿Director(a)?

¿Qué tipo de película te gusta más? ¿Por qué?

Por lo general, ¿cuántas veces por mes vas al cine?

¿Qué películas has visto recientemente?

e una semana,
undo perdido
las siete de la tarde
us

butaca - armchair, orchestra seat

a agencia de viajes
ra hora
ce tres dias
semanas

14 Going to a Bullfight

Ir a una corrida de toros

A Dialogue

Pedro y Michael, su amigo canadiense, están en la calle.

Michael: ¿Por qué hay tanta gente cerca de esa tienda?
Pedro: Es el despacho de billetes para los toros. Hay una corrida el domingo que viene y mucha gente quiere ir.
Michael: Nunca he visto una corrida de toros. ¿Por qué no vamos?
Pedro: Muy bien. El cartel parece interesante. Los tres toreros tienen muy buena fama.
Michael: Vamos a ver si quedan entradas.

En el despacho

Empleado: Buenos días, señores.
Pedro: Buenos días. ¿Quedan localidades para la corrida del domingo que viene?
Empleado: Sí, señor. ¿Desea usted sombra, sol y sombra o sol?
Michael: ¿Qué precios tienen?
Empleado: Las entradas de sombra valen mil trescientas pesetas cada una, las de sol y sombra mil pesetas, y las de sol setecientas pesetas.

Pedro:	Mira, Michael, las localidades de sol son más baratas que las otras, pero son muy incómodas. Allí hace mucho calor, y no se ve bien por el sol. Vamos a sol y sombra.
Michael:	Sí, de acuerdo. Entonces dos de sol y sombra, por favor, señor.
Empleado:	Dos mil pesetas. Tengan sus entradas. No olviden que la corrida empieza a las cinco en punto.
Michael:	Gracias, señor. Adiós.

El domingo siguiente en la entrada de la Plaza de Toros

Michael:	¡Cuánta gente! ¡No puede uno moverse!
Pedro:	Sí, pero vamos rápido. Ya son las cinco menos cinco.
Michael:	Un momento, quiero comprar un programa.
Pedro:	Mira, por lo general los venden en las graderías. Yo también quiero alquilar dos almohadillas porque las graderías son de cemento—muy duras e incómodas.
Michael:	Entonces vamos de prisa.
Pedro:	Sí, el paseíllo está para empezar.

B Comprehension Questions

1. ¿Por qué hay mucha gente en la calle?
2. ¿Ha visto una corrida de toros Michael?
3. ¿Qué localidad es más cara, la de sombra, la de sol y sombra o la de sol?
4. ¿A Pedro le gusta las localidades de sol?
5. ¿Qué tipo de entrada compran Pedro y Michael?
6. ¿Cuándo empieza la corrida?
7. ¿Qué compra Michael?
8. ¿Qué alquila Pedro? ¿Por qué?

C Patterns

Using the model sentence in Spanish as a guide, give the Spanish equivalent for each of the English sentences.
1. Hay una corrida el domingo que viene.
   There's an excursion next Saturday.
   There's a train next Monday.
2. Estas localidades son más baratas que las otras.
   These tickets are cheaper than the others.
   This lettuce is cheaper than the other.
3. ¡Cuánta gente!
   So much money!
   So many tents!

4. El paseíllo está para empezar.
   The bullfight is about to begin.
   The movies are about to start.

D Vocabulary Expansion

Listed below are some terms related to bullfighting. Do you know
what they mean? Tell how each relates to the art of bullfighting.

la corrida	la muleta
el matador (el torero)	la capa
el toro	la plaza
el banderillo	los espectadores
el picador	

15 At the Post Office

En correos

A Dialogue

El señor López va a la ventanilla que tiene encima el letrero TELEGRAMAS.

Empleado:	Buenos días, señor.
Señor López:	Buenos días. Quisiera mandar un telegrama a Santo Domingo.
Empleado:	Muy bien, señor. Haga el favor de escribir su mensaje en este papel.
Señor López:	De acuerdo. Es muy corto—sólo nueve palabras.
Empleado:	Gracias, señor. A ver si está bien escrito. No, no hay problema. Una, dos, tres, . . . ocho, nueve palabras a veinte centavos la palabra. Son un peso ochenta centavos en total.
Señor López:	Y también, quiero comprar sellos.
Empleado:	Lo siento, señor. En esta ventanilla no se venden sellos. Vaya usted a una de las otras.
Señor López:	De acuerdo. Lo siento, pero no tengo sino un billete de mil pesos.
Empleado:	No importa, señor. Aquí tiene ochocientos veinte pesos de vuelta.
Señor López:	¿A qué hora llegará el telegrama a Santo Domingo?

Empleado:	En dos horas.
Señor López:	Muchas gracias, señor. Adiós.
Empleado:	Adiós, señor.

En la otra ventanilla

Señor López:	Buenos días, señorita. Quisiera comprar unos sellos. ¿Cuánto es para una carta a los Estados Unidos?
Empleada:	Cuarenta centavos, señor.
Señor López:	Muy bien. Quisiera cinco sellos de cuarenta centavos, por favor.
Empleada:	Aquí los tiene.
Señor López:	Y ¿cuánto es para una postal a los Estados Unidos?
Empleada:	Veintiocho centavos, señor.
Señor López:	Entonces deme siete sellos de veintiocho centavos.
Empleada:	En total son un peso noventa y cinco centavos.
Señor López:	Aquí tiene dos pesos. ¿Dónde está el buzón, por favor?
Empleada:	El buzón está a la izquierda de la puerta principal. No olvide su vuelta, señor. Adiós.
Señor López:	Muchas gracias, señorita. Adiós.

B Comprehension Questions

1. ¿Adónde quisiera mandar un telegrama el señor López?
2. ¿Cuántas palabras tiene su mensaje?
3. ¿A qué hora llegará el telegrama a Buenos Aires?
4. ¿Qué quiere comprar el señor López entonces?
5. ¿Cuánto cuesta un sello para una carta a los Estados Unidos?
6. ¿Dónde está el buzón?

C Patterns

Using the model sentence in Spanish as a guide, give the Spanish equivalent for each of the English sentences.
1. No tengo sino un billete de mil pesos.
   He has only a fifty-peso bill.
   We have only a hundred-peso bill.
2. No olvide su vuelta.
   (Uds.) Don't forget your stamps.
   (Tú) Don't forget your letter.
3. Aquí no se venden sellos.
   Postcards are not sold here.
   Money is not changed here.

D Vocabulary Expansion

Listed below are some words related to letter writing and the post office. Tell in Spanish what each one is or is used for.

la carta	la papelería	el lápiz
la postal	el sobre	la pluma
el paquete	la dirección	el bolígrafo
el sello	la cinta	

16 At the Lost and Found

En la oficina de objetos perdidos

A Dialogue

La señora de Jiménez entra en la oficina de objetos perdidos.

Señora de Jiménez:	Buenos días, señor.
Empleado:	Buenos días, señora. ¿En qué puedo servirla?
Señora de Jiménez:	Esta mañana perdí mi impermeable. Creo que lo dejé en el autobús. Primero fui a la comisaría de policía y me mandaron aquí. Quisiera saber si alguien lo ha encontrado.
Empleado:	Vamos a ver, señora. ¿Un impermeable? ¿En qué autobús viajaba usted?
Señora de Jiménez:	Estaba en el autobús número cuarenta y tres. Subí en la Plaza Mayor y bajé al final de la Calle del Arenal. Dos minutos después de bajar del autobús me di cuenta de que no tenía mi impermeable.
Empleado:	¿A qué hora bajó usted del autobús?
Señora de Jiménez:	A eso de las diez y media.
Empleado:	Ahora, deme una descripción por favor. ¿De qué color era?
Señora de Jiménez:	Era blanco.
Empleado:	¿Tenía algunas señas distintivas?

(handwritten note: darse cuenta de — to realize)

Señora de Jiménez:	Sí, dentro tenía una etiqueta que decía 'El Corte Inglés,' y también había un pañuelo de seda en el bolsillo.
Empleado:	¿De qué color era el pañuelo?
Señora de Jiménez:	Verde claro.
Empleado:	¿Tenía usted su nombre escrito en la etiqueta?
Señora de Jiménez:	No, compré el impermeable hace cuatro días, nada más. Pero también había una carta en el bolsillo. Iba a correos para echar la carta esta mañana. Tiene el nombre y la dirección de mi hermana en Bogotá.
Empleado:	Ya tengo todos los detalles. Espere un momento, señora, voy a ver si lo tenemos.

Después de un rato

Empleado:	Lo siento, señora. Parece que nadie lo ha encontrado. Es posible que alguien lo entregue más tarde. Hay que esperar un poco. ¿Puede usted llamar por teléfono mañana?
Señora de Jiménez:	¡Qué lástima! Bueno, gracias, señor.
Empleado:	Deme su nombre y dirección, señora, por si acaso.
Señora de Jiménez:	Sí, por supuesto. Me llamo señora. . . .

En este momento llega una camioneta de la compañía de autobuses.

Hombre:	Buenos días, aquí tengo varios artículos perdidos hoy en los autobuses.
Señora de Jiménez:	¿Tiene usted un impermeable?
Hombre:	Creo que sí. Sí, aquí está.
Señora de Jiménez:	¡Es mi impermeable! Sí, mire el pañuelo y la carta a mi hermana.
Empleado:	Sí, es su impermeable. Felicitaciones, señora. Tiene que tener más cuidado en el futuro, ¿verdad?
Señora de Jiménez:	Sí, muchas gracias, señores. Adiós.
Empleado y Hombre:	Adiós, señora.

B Comprehension Questions

1. ¿Por qué va la señora de Jiménez a la oficina de objetos perdidos?
2. ¿En qué autobús lo dejó? ¿Cuándo se dio cuenta de que no lo tenía?
3. Describe el impermeable. ¿Qué señas distinctivas tenía?
4. ¿Qué había en el bolsillo?
5. ¿Ha encontrado alguien el impermeable?

6. ¿Qué pasa en este momento?
7. ¿Qué tiene el hombre? ¿Tiene el impermeable de la señora?

C Patterns

Using the model sentence in Spanish as a guide, give the Spanish equivalent for each of the English sentences.
1. Perdí mi impermeable.
   She lost her scarf.
   They lost their stamps.
2. Fui a la comisaría de policía.
   She went to the lost and found.
   We went to the travel agency.
3. Estaba en el autobús número cuarenta y tres.
   I was in taxi number ninety-nine.
   You *(Uds.)* were in train number twenty-six.
4. Subí en la Plaza Mayor.
   She got on at the Plaza de Armas.
   They got on at the Plaza de Cervantes.
5. ¿El impermeable? Era blanco.
   The stamps? They were yellow and green.
   The tent? It was red and blue.
6. Iba a correos para echar la carta.
   We were going to the movie theater to see the movie.
   They were going to the bank to change the money.

D Vocabulary Expansion

Listed below are some items that people often lose. Review the words; then answer the questions that follow.

la bolsa	la maleta
la bufanda	el pañuelo
el carnet de estudiante	el paraguas
el carnet de identidad	el pasaporte
la cartera	el permiso de conducir
las gafas (de sol)	el reloj
el guante	el sombrero

1. ¿Qué necesita para viajar al extranjero?
2. ¿Cuándo se ponen gafas de sol?
3. ¿Cuándo hay que llevar paraguas?
4. ¿Cuándo hay que llevar guantes? ¿Bufanda?
5. ¿Qué hay en tu cartera? ¿En tu bolsa?
6. Tu has perdido tu maleta al aeropuerto. ¿Adónde vas?
7. Tu has perdido tu carnet de estudiante. ¿Adónde vas?
8. ¿Perdiste algo recientemente? ¿Qué? ¿Dónde? ¿Qué hiciste?

17 Staying with a Mexican Family

En la casa de una familia mexicana

A Dialogue

Penny, una chica norteamericana, acaba de llegar al aeropuerto, y va a pasar un mes en la casa de su amiga de correspondencia, Elena, en Guadalajara. Elena la está esperando con sus padres cerca de la salida de la aduana.

Elena:	¡Penny! ¡Penny! ¡Por aquí!
Penny:	¡Elena! ¡Hola! ¿Cómo estás?
Elena:	Bien, gracias, ¿y tú?
Penny:	Muy bien.
Elena:	Bienvenida a México.
Penny:	Muchas gracias.
Elena:	Mira, quiero presentarte a mis padres. Mamá, papá, ésta es Penny.
Señora de Pérez:	Hola, Penny. Bienvenida.
Penny:	Gracias, señora. Estoy muy contenta de conocerla.
Señor Pérez:	Me alegro mucho de conocerte, Penny.
Penny:	Encantada.
Señor Pérez:	¿Qué tal el viaje, Penny?
Penny:	Estupendo. Tardamos sólo dos horas.
Señora de Pérez:	Sin embargo, debes de estar cansada.

Penny:	Sí, un poco. Aquí hace mucho calor.
Elena:	Entonces, vamos a casa.
Señor Pérez:	Sí, dame tu maleta, Penny, y vamos al coche.
Señora de Pérez:	Y tus padres, Penny, ¿están bien?
Penny:	Sí, muy bien, y les mandan saludos.
Señora de Pérez:	¡Qué bien! Vamos, el coche no está lejos.

Media hora más tarde llegan a la casa de la familia de Elena.

Elena:	Pasa, Penny, ésta es mi casa.
Penny:	¡Qué bonita!
Elena:	Penny, te voy a presentar a mi abuela que vive con nosotros.
Abuela:	Buenas tardes, Penny. Bienvenida a nuestra casa.
Penny:	Gracias, señora, me alegro mucho de conocerla.
Señora de Pérez:	Elena, ¿por qué no enseñas el cuarto a Penny ahora? Penny, vas a compartirlo con Elena.
Penny:	¡Qué bien!
Elena:	Sí, vamos. ¿Quieres lavarte un poco?
Penny:	Sí, por favor.
Elena:	Entonces, voy a enseñarte el cuarto de baño y voy a darte una toalla limpia.
Penny:	Espera un momento, Elena. Tengo unos regalos para ustedes. Unos caramelos para usted, señora.
Señora:	¡Penny! ¡Qué bien! Muchísimas gracias.
Penny:	Y un libro de fotos de Seattle para usted, señor.
Señor:	Penny, ¡qué bonito! Estoy muy agradecido.
Penny:	Y para ti, Elena, un disco.
Elena:	¡Ay!, ¡qué estupendo! Vamos a ponerlo ahora.
Señora de Pérez:	Ahora no, lleva a Penny a su cuarto.
Elena:	Penny, gracias por el disco.
Penny:	De nada.

B Comprehension Questions

1. ¿Por qué va Penny a Guadalajara?
2. ¿Quiénes buscan a Penny al aeropuerto?
3. ¿Quién vive con la familia Pérez?
4. ¿Qué le enseña a Penny Elena? ¿Qué le da?
5. ¿Con quién comparte Penny el cuarto?
6. ¿Qué regalos tiene Penny para la familia?

C Patterns

Using the model sentence in Spanish as a guide, give the Spanish equivalent for each of the English sentences.

1. Me alegro mucho de conocerte, Penny.
   He's very happy to meet you, sir. *Se alegra de conocerle/lo*
   We're very happy to meet you, Juan and Carlos. *Nos alegramos de conocerlos*
   They are very happy to meet you, Juanita. *Se alegran de conocerla*
2. Debes de estar cansada.
   You *(Ud.)* must be tired. *Debe de estar cansada*
   They must be hungry. *(¡Cuidado!)* *Deben de tener hambre.lo.*
   She must be thirsty. *Debe de estar sediento*
3. Ésta es mi casa.
   This is my father. *Este es mi padre*
   These are my parents. *Estos son mis padres*
   These are my towels. *Estas son mis toallas.*
4. Espera un momento.
   (Uds.) Wait a minute. *Esperen un momento*
   (Ud.) Wait a day. *Espere un día*
   (Tú) Wait a week. *Espera una semana*

D Vocabulary Expansion

You are probably familiar with these terms related to grooming.
Review the words; then answer the questions that follow.

la bañera	el peine *- comb*
el cepillo de cabeza	el retrete *- toilet*
el cepillo para dientes	la toalla
el cuarto de baño	el WC *-*
la ducha	
el espejo	afeitarse *- shave*
el jabón	cepillarse los dientes
el lavabo	cepillarse el pelo
la maquinilla de afeitar	peinarse
la pasta de dientes	lavarse

1. ¿Con qué se cepilla los dientes?
2. ¿Con qué se cepilla el pelo?
3. ¿Con qué se peina?
4. ¿Con qué se afeita?
5. ¿Con qué se lava?
6. ¿Adónde se venden jabón y pasta de dientes? *el supermercado*
7. ¿Qué hay en un cuarto de baño? *el retrete, la ducha,*
   el espejo, lavabos

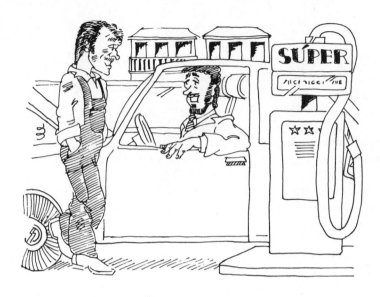

18

A Car Breakdown

Una avería de coche

A Dialogue

El señor Martínez para su coche en una estación de servicio en la carretera principal.

Empleado:	Buenos días, señor. ¿Qué desea usted?
Señor Martínez:	Quiero veinte litros de gasolina, por favor.
Empleado:	¿Súper o corriente?
Señor Martínez:	Súper, por favor.
Empleado:	Sí, señor . . . Ya—veinte litros, señor. ¿Algo más?
Señor Martínez:	Sí. Haga el favor de comprobar el aceite.
Empleado:	Sí, señor . . . Le hace falta medio litro.
Señor Martínez:	De acuerdo. ¿Quiere usted comprobar las llantas y el agua también?

Después de unos momentos

Empleado:	He comprobado las llantas. Había que poner aire en una de las delanteras. El agua está bien.
Señor Martínez:	Gracias. ¿Cuánto le debo?
Empleado:	Doscientos setenta pesos, señor.
Señor Martínez:	Tenga, y quédese con la vuelta.
Empleado:	Gracias, señor. Déjeme limpiar el parabrisas.
Señor Martínez:	Gracias. Adiós.
Empleado:	Adiós, señor. Buen viaje.

El señor Martínez sube al coche, trata de arrancar el motor, pero nada. El coche está averiado. - damaged

Empleado:	¿Qué pasa, señor?
Señor Martínez:	No sé—el motor no arranca. ¿Puede usted hacer algo?
Empleado:	Lo siento, señor. Yo no soy mecánico, pero puedo llamar por teléfono a un taller de mecánica a ver si pueden mandar a alguien.

taller-workshop

Señor Martínez:	Gracias. Tengo prisa porque tengo que estar en Monterrey dentro de tres horas.

A los tres minutos

Empleado:	Un mecánico estará aquí dentro de media hora, señor.
Señor Martínez:	Muchas gracias. Voy a tomar un refresco en la cafetería de enfrente.
Empleado:	Muy bien.

Después de media hora el señor está sentado en la terraza de la cafetería cuando ve llegar al mecánico. Después de pagar el refresco:

Mecánico:	Buenos días, señor. ¿Su coche está averiado?
Señor Martínez:	Sí. El motor no arranca.
Mecánico:	Bueno. Tiene gasolina, ¿verdad?
Señor Martínez:	Sí, tiene el depósito lleno.
Mecánico:	Entonces, vamos a ver.

El mecánico trabaja unos minutos.

Mecánico:	Ah sí, señor. Hay una pieza rota en el distribuidor. No es nada serio. Hay que poner pieza nueva.
Señor Martínez:	¿Tardará mucho tiempo en repararlo?
Mecánico:	No, señor. Veinte minutos para buscar la pieza, y diez minutos para cambiarla.
Señor Martínez:	Tengo prisa porque tengo que estar en Monterrey antes de las seis.
Mecánico:	No se preocupe, señor. Si usted vuelve dentro de media hora, todo estará arreglado.
Señor Martínez:	Hasta luego, entonces.

Después de media hora el señor Martínez vuelve.

Mecánico:	Ya. Terminado.
Señor Martínez:	Muy bien. Muchas gracias.
Mecánico:	Vamos a ver si arranca el coche. ¡Sí! Estupendo. Ya está, señor, como nuevo.
Señor Martínez:	Muchas gracias. ¿Cuánto le debo?

Mecánico:	Bueno. Cincuenta pesos por la pieza y doscientos pesos por el trabajo. Son doscientos cincuenta pesos en total.
Señor Martínez:	Tenga, señor, y muchas gracias.
Mecánico:	De nada, señor. Buen viaje. Adiós.
Señor Martínez:	Gracias. Adiós.

B Comprehension Questions

1. ¿Cuánta gasolina compra el señor Martínez?
2. ¿Qué comproba el empleado?
3. ¿Están bien?
4. ¿Cuánto cuestan la gasolina y el aceite?
5. Cuando el señor Martínez sube al coche, ¿qué pasa?
6. ¿A quién llama por teléfono el empleado? ¿Por qué?
7. Mientras espera al mecánico, ¿qué hace el señor Martínez?
8. ¿Por qué no arranca el motor?
9. ¿Cuánto tiempo necesita para repararlo? ¿Por qué tiene prisa el señor Martínez?
10. Cuando vuelve el señor Martínez, ¿funciona el coche?

C Patterns

Using the model sentence in Spanish as a guide, give the Spanish equivalent for each of the English sentences.

1. Le hace falta medio litro.
   You need two liters.
   You're missing a kilo.

2. Un mecánico estará aquí dentro de media hora.
   The employees will be here within a week.
   You *(tú)* will be here within twenty minutes.

3. No se preocupe, señor.
   Don't worry, sirs.
   Don't worry, Angelita.

D Vocabulary Expansion

If you were driving a car in a Spanish-speaking country and something went wrong with the car, could you describe the problem to a mechanic? To begin, you should know the parts of a car. Can you tell what each of these terms is in English?

la batería	el limpiaparabrisas	el pistón
la bocina	la llanta	el radiador
el carburador	la maleta	la rueda
la carrocería	el motor	el tablero de instrumentos
el espejo	el parabrisas	la transmisión automática
el faro	el parachoques	el volante

Now sketch a car and label the parts in Spanish.

19 Going to the Doctor

Ir al médico

A Dialogue

La señora de Páez llama por teléfono:

Voz:	Dígame.
Señora de Páez:	¿Es el consultorio del doctor Gómez?
Voz:	Sí.
Señora de Páez:	Mi hijo está enfermo.
Voz:	Lo siento, señora. ¿Qué le pasa?
Señora de Páez:	Se despertó esta mañana con fiebre. Tenía dolor de cabeza y de estómago. ¿Puede usted darme hora para la visita?
Voz:	Sí, señora. ¿Hoy por la mañana, a las doce menos cuarto?
Señora de Páez:	Está muy bien. Entonces, hasta luego.
Voz:	Hasta luego, señora.

A las doce menos diez en el consultorio del médico

Médico:	Buenos días, señora.
Señora de Páez:	Buenos días, doctor. Aquí está Juan.
Médico:	Bueno, ¿qué le pasa?
Señora de Páez:	Como dije por teléfono, tiene dolor de cabeza y de estómago, y creo que tiene fiebre.

El médico examina a Juan.

Médico:	Sí, tiene un poco de fiebre. Juan, ¿cuántos años tienes?
Juan:	Tengo doce anos.
Médico:	¿Te duele mucho el estómago?
Juan:	Sí, me duele bastante.
Médico:	¿Qué comiste ayer?
Juan:	Comí lo mismo que toda la familia.
Médico:	¿Tomaste agua no potable, o comiste fruta sin lavar?
Juan:	No, creo que no . . . ah sí, comí unas uvas en el mercado.
Médico:	Bueno, a lo mejor es eso. No es nada serio. Será mejor guardar cama hasta que termine la fiebre.
Señora de Páez:	De acuerdo, doctor.
Médico:	Y le voy a dar una receta para unas pastillas. Hay que tomar una tres veces al día antes de comer. Dentro de dos días estará como nuevo.
Señora de Páez:	Una cosa más, doctor. Hace una semana me corté el dedo con un cuchillo. No era nada serio, pero hace dos días que me duele mucho.
Médico:	A ver, señora. Sí, usted tiene una infección en el dedo. Tiene suerte, porque puede ser serio. Le voy a dar una receta para unas pastillas y una crema. Hay que tomar dos pastillas cada tres horas. Si no mejora dentro de tres días, vuelva a verme.
Señora de Páez:	Gracias, doctor. ¿Cuánto le debo?
Médico:	Me debe cien pesos.
Señora de Páez:	Tenga, doctor. ¿Puede darme un recibo?
Médico:	Claro que sí. Tenga, señora. Adiós, Juan. Que mejores pronto.
Juan:	Gracias, doctor. Adiós.
Señora de Páez:	Adiós, doctor.

B Comprehension Questions

1. ¿Por qué llama por teléfono al doctor Gómez la señora de Páez?
2. ¿Qué le pasa?
3. ¿A qué hora será la visita al doctor Gómez?
4. ¿Qué le pregunta a Juan el médico?
5. ¿Qué comió Juan?
6. ¿Hasta cuándo tiene que guardar cama Juan?

7. ¿Qué le da el médico?
8. ¿Qué le duele a la señora de Páez? ¿Qué le pasó?
9. ¿Qué le da el médico?
10. ¿Cuánto cuesta la visita al médico?

C Patterns

Using the model sentence in Spanish as a guide, give the Spanish equivalent for each of the English sentences.
1. Tenía dolor de cabeza.
   We had a headache.
   You *(tú)* had a sore throat.
   They had a stomachache.
2. ¿Te duele mucho el estómago?
   Does your *(tú)* head hurt a lot?
   Does her back hurt a lot?
   Does your *(Ud.)* throat hurt a lot?
3. Hace una semana me corté el dedo.
   A month ago I cut my arm.
   A year ago I cut my leg.
   Two days ago I cut my toe.

D Vocabulary Expansion

You are probably already familiar with these parts of the body. If not, study them carefully.

la boca	el dedo de pie	la mano	el pie
el brazo	el diente	la nariz	la pierna
la cabeza	la espalda	el ojo	el pulgar
el cuello	el estómago	la oreja	la rodilla
el dedo	el hombro	el pecho	

Now sketch a human body and label the parts mentioned above.

NTC SPANISH TEXTS AND MATERIALS

Computer Software
Basic Vocabulary Builder on Computer
Amigo: Vocabulary Software

**Videocassette, Activity Book,
and Instructor's Manual**
VideoPasaporte Español

Graded Readers
Diálogos simpáticos
Cuentitos simpáticos
Cuentos simpáticos
Beginner's Spanish Reader
Easy Spanish Reader

Workbooks
Así escribimos
Ya escribimos
¡A escribir!
Composiciones ilustradas
Spanish Verb Drills

Exploratory Language Books
Spanish for Beginners
Let's Learn Spanish Picture Dictionary
Spanish Picture Dictionary
Getting Started in Spanish
Just Enough Spanish

Conversation Books
¡Empecemos a charlar!
Basic Spanish Conversation
Everyday Conversations in Spanish

Manual and Audiocassette
How to Pronounce Spanish Correctly

**Text and Audiocassette Learning
Packages**
Just Listen 'n Learn Spanish
Just Listen 'n Learn Spanish Plus
Practice and Improve Your Spanish
Practice and Improve Your Spanish
Plus

High-Interest Readers
Sr. Pepino Series
La momia desaparece
La casa embrujada
El secuestro

Journeys to Adventure Series
Un verano misterioso
La herencia
El ojo de agua
El enredo
El jaguar curioso

Humor in Spanish and English
Spanish à la Cartoon

Puzzle and Word Game Books
Easy Spanish Crossword Puzzles
Easy Spanish Word Games & Puzzles
Easy Spanish Vocabulary Puzzles

Transparencies
Everyday Situations in Spanish

Black-line Masters
Spanish Verbs and Vocabulary Bingo Games
Spanish Crossword Puzzles
Spanish Culture Puzzles
Spanish Word Games
Spanish Vocabulary Puzzles

Handbooks and Reference Books
Complete Handbook of Spanish Verbs
Spanish Verbs and Essentials of Grammar
Nice 'n Easy Spanish Grammar
Tratado de ortografía razonada
Redacte mejor comercialmente
Guide to Correspondence in Spanish
Guide to Spanish Idioms

Dictionaries
Vox Modern Spanish and English Dictionary
Vox New College Spanish and English Dictionar
Vox Compact Spanish and English Dictionary
Vox Everyday Spanish and English Dictionary
Vox Traveler's Spanish and English Dictionary
Vox Super-Mini Spanish and English Dictionary
Cervantes-Walls Spanish and English Dictionary

For further information or a current catalog, write:
National Textbook Company
a division of *NTC Publishing Group*
4255 West Touhy Avenue
Lincolnwood, Illinois 60646-1975 U.S.A.